Impressum
Verlag: BABADADA GmbH, Nedderfeld 112 , 22529 Hamburg
Geschäftsführer / Verlagsleitung: Harald Hof
Druck: Books on Demand GmbH, In de Tarpen 42, 22848 Norderstedt

Imprint
Publisher: BABADADA GmbH, Nedderfeld 112 , 22529 Hamburg, Germany
Managing Director / Publishing direction: Harald Hof
Print: Books on Demand GmbH, In de Tarpen 42, 22848 Norderstedt

škola
école

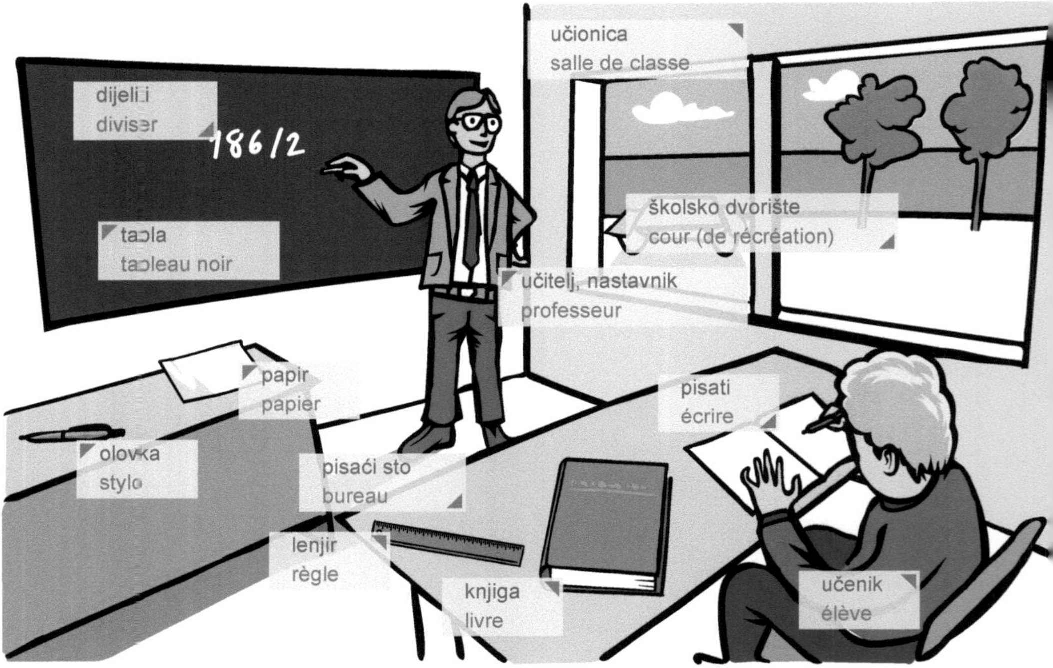

učionica
salle de classe
dijeliti
diviser
186/2
tabla
tableau noir
školsko dvorište
cour (de récréation)
učitelj, nastavnik
professeur
papir
papier
pisati
écrire
olovka
stylo
pisaći sto
bureau
lenjir
règle
knjiga
livre
učenik
élève

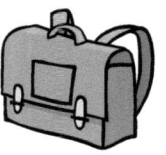

torba

cartable

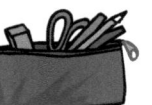

pernica

trousse

drvena olovka

crayon

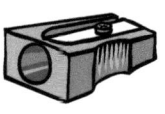

šiljalo za olovke

taille-crayon

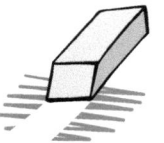

gumica

gomme

blok za crtanje

carnet à dessin

crtež

dessin

kist

pinceau

kutija s bojama

boîte de peinture

makaze

ciseaux

ljepilo

colle

vježbanka

cahier d'exercices

domaća zadaća

devoirs

broj

chiffre

sabirati

additionner

oduzimati

soustraire

množiti

multiplier

računati

calculer

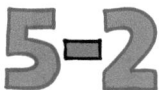

slovo

lettre

abeceda

alphabet

riječ

mot

tekst

texte

čitati

lire

kreda

craie

sat

leçon

školski dnevnik

livre de classe

ispit

examen

svjedočanstvo

certificat

školska uniforma

uniforme scolaire

izobrazba

formation

leksikon

lexique

univerzitet

université

mikroskop

microscope

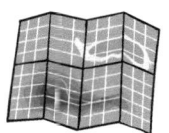

karta

carte

korpa za papir

corbeille à papier

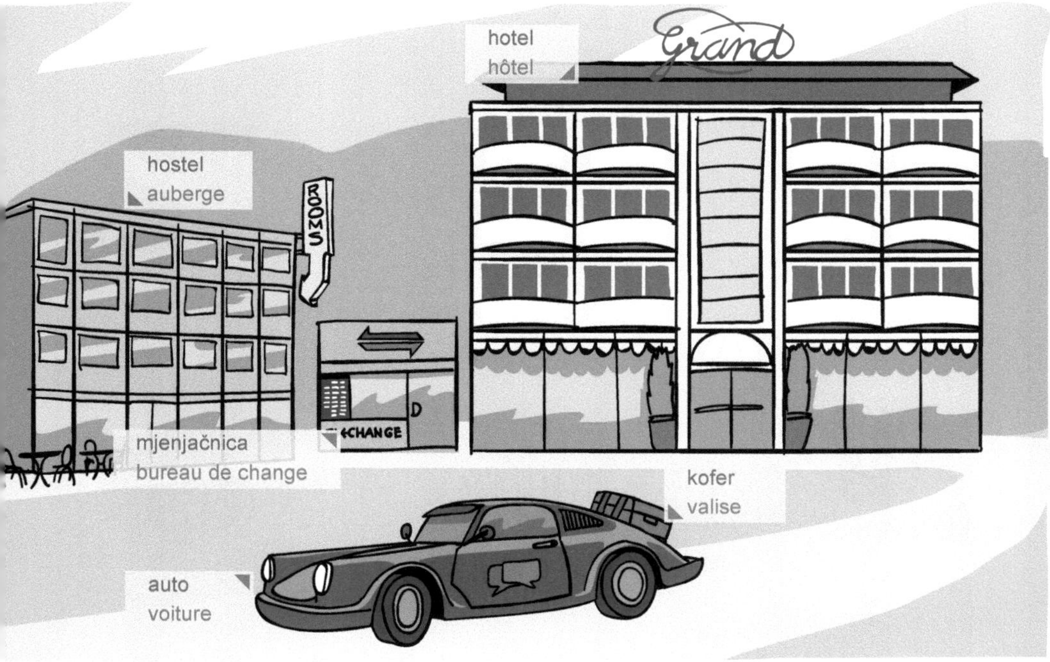

hotel
hôtel
Grand
hostel
auberge
ROOMS
CHANGE
mjenjačnica
bureau de change
kofer
valise
auto
voiture

jezik

langue

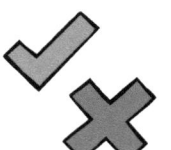

da / ne

oui / non

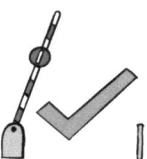

okej

d'accord

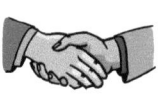

zdravo

Salut

tumač

interprète

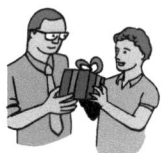

hvala

merci

Kolikc košta...?

Combien coûte...?

Ne razumijem

Je ne comprends pas

problem

problème

dob-o veče!

Bcnsoir !

Dobro jutro!

Bonjour !

Laku noć!

Bonne nuit !

doviđenja

Au revoir

smjer

direction

prtljag

bagages

:orba

sac

ruksak

sac-à-dos

gost

hôte

soba

pièce

vreća za spavanje

sac de couchage

šator

tente

turističke informacije

office de tourisme

plaža

plage

kreditna kartica

carte de crédit

doručak

petit-déjeuner

ručak

déjeuner

večera

dîner

putna karta

billet

lift

ascenseur

poštanska markica

timbre

granica

frontière

carina

douane

ambasada

ambassade

viza

visa

pasoš

passeport

transport

transport

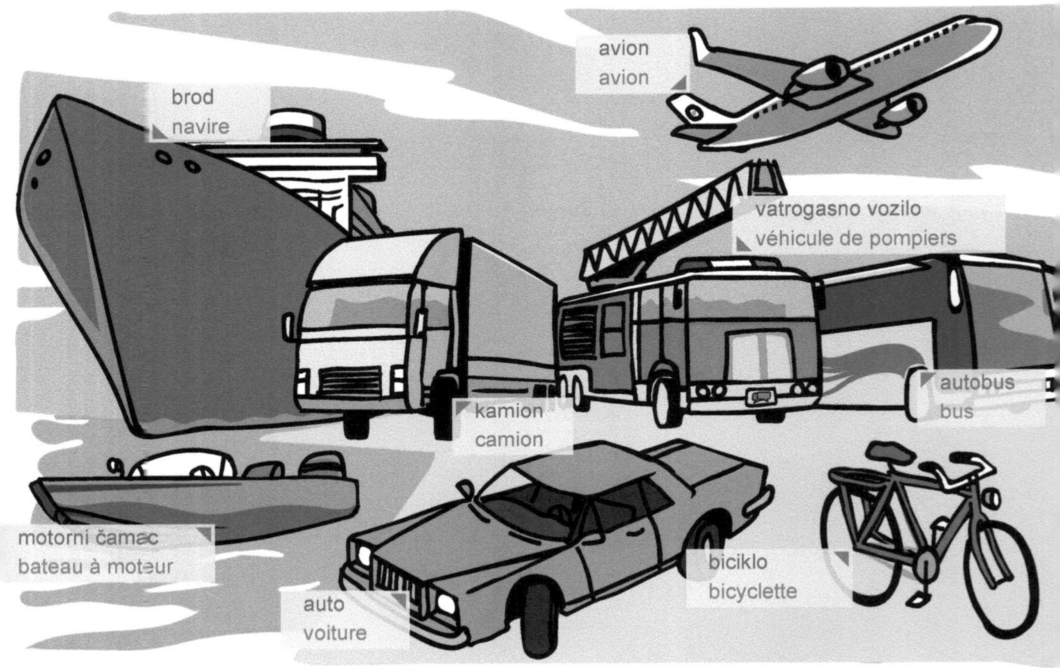
avion
avion
brod
navire
vatrogasno vozilo
véhicule de pompiers
autobus
bus
kamion
camion
motorni čamac
bateau à moteur
biciklo
bicyclette
auto
voiture

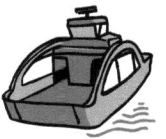

trajekt

ferry

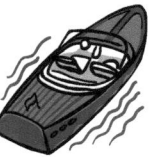

brod

barque

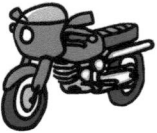

motocikl

moto

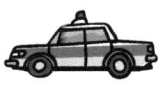

policijski automobil

voiture de police

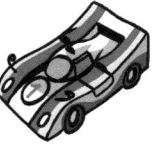

trkaći automobil

voiture de course

unajmljeni automobil

voiture de location

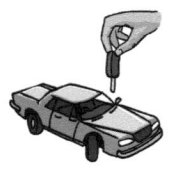

kar-šering
auto-partage

pauk
voiture de remorquage

smećarsko vozilo
benne à ordures

motor
moteur

gorivo
essence

benzinska pumpa
station d'essence

saobraćajni znak
panneau indicateur

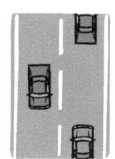

saobraćaj
trafic

zastoj
embouteillage

parking
parking

željeznička stanica
gare

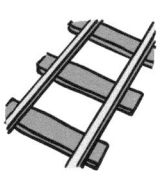

šine
rails

voz
train

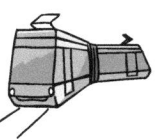

tramvaj
tramway

vagon
wagon

he ikopter

hélicoptère

aerodrom

aéroport

toranj

tour

putnik

passager

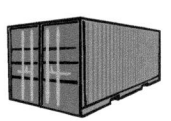

kontejner

conteneur

karton

carton

tačke

chariot

korpa

corbeille

poletjeti / sletjeti

décoller / atterrir

grad

ville

selo

village

centar grada

centre-ville

kuća

maison

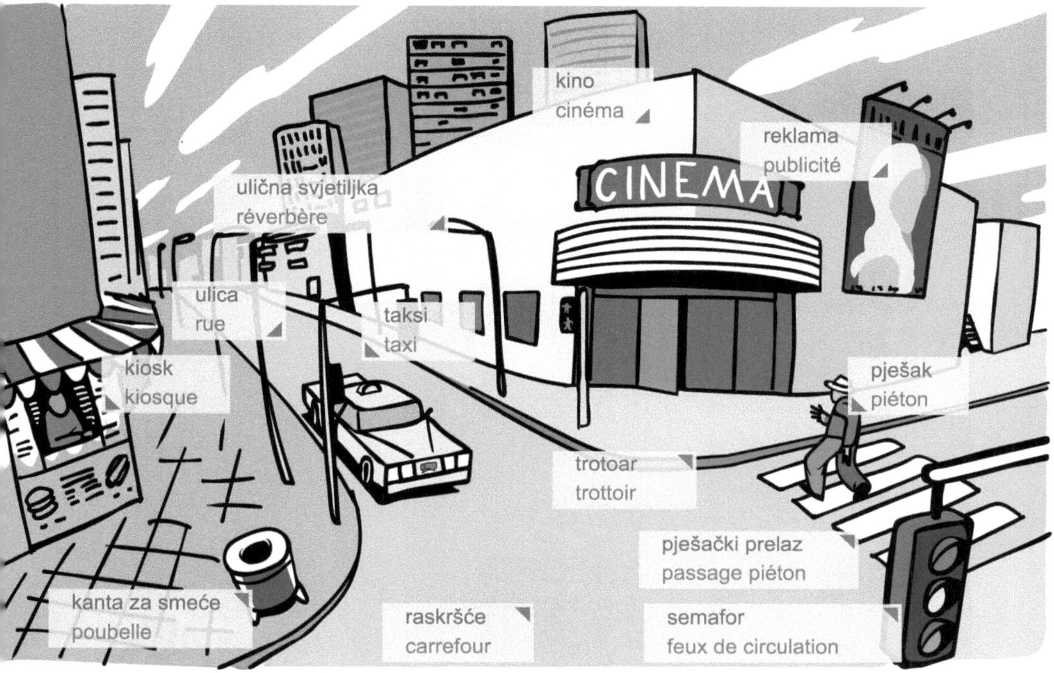
kino
cinéma
CINEMA
reklama
publicité
ulična svjetiljka
réverbère
ulica
rue
taksi
taxi
kiosk
kiosque
pješak
piéton
trotoar
trottoir
pješački prelaz
passage piéton
kanta za smeće
poubelle
raskršće
carrefour
semafor
feux de circulation

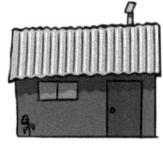

koliba

cabane

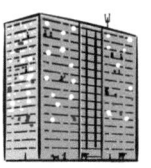

stan

appartement

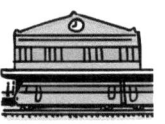

željeznička stanica

gare

vjećnica

mairie

MUSEUM

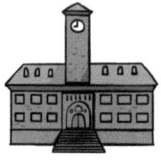

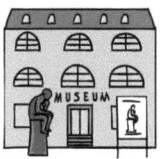

muzej

musée

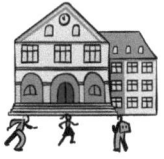

škola

école

univerzitet

université

banka

banque

bolnica

hôpital

hotel

hôtel

apoteka

pharmacie

ured

bureau

knjižara

librairie

radnja

magasin

cvjećara

fleuriste

supermarket

supermarché

pijaca

marché

robna kuća

grand magasin

procavač ribe

poissonnerie

trgovački centar

centre commercial

luka

port

park

parc

klupa

banque

most

pont

stepenice

escaliers

podzemna željeznica

métro

tunel

tunnel

autobuska stanica

arrêt de bus

bar

bar

restoran

restaurant

poštanski sandučić

boîte à lettres

saobraćajni znak

panneau indicateur

sat za naplatu parkinga

parcmètre

zoološki vrt

zoo

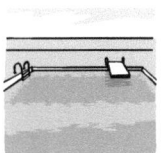

bazen

piscine

džamija

mosquée

seosko imanje
ferme

zagađenje okoline
pollution

groblje
cimetière

crkva
église

igralište
aire de jeux

hram
temple

krajolik
paysage

list
feuille

putokaz
panneau indicateur

putokaz
chemin

livada
pré

kamen
pierre

drvo
arbre

putnik
ranconneur

rijeka
rivière

trava
herbe

cvijet
fleur

dolina
vallée

brdo
montagne

jezero
lac

šuma
forêt

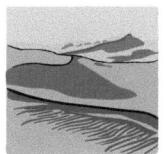

pustinja
désert

vulkan
volcan

dvorac
château

duga
arc-en-ciel

gljiva
champignon

palma
palmier

komarac
moustique

muha
mouche

mrav
fourmis

pčela
abeille

pauk
araignée

krajolik - paysage

15

ɔuba

coléoptère

žaba

grenouille

vjeverica

écureuil

jež

herisson

zec

lièvre

sova

chouette

ptica

ciseau

labud

cygne

divlja svinja

sanglier

jelen

cerf

los

élan

brana

barrage

vjetrenjača

éolienne

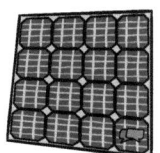

solarni modul

panneau solaire

klima

climat

restoran
restaurant

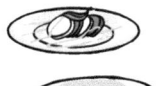

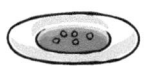

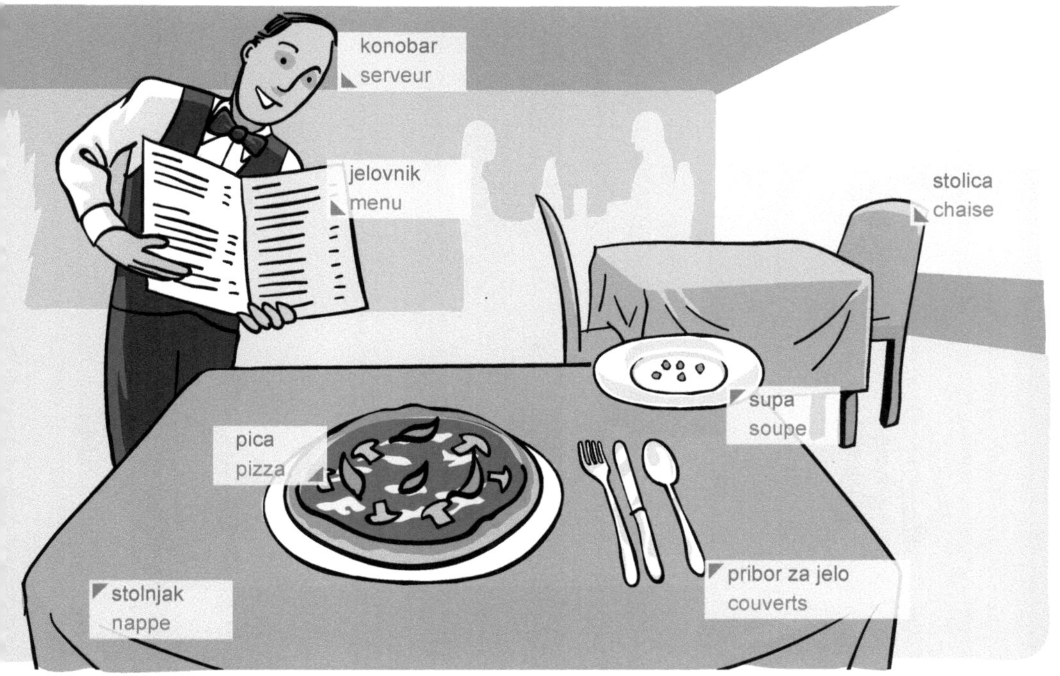
konobar
serveur
jelovnik
menu
stolica
chaise
supa
soupe
pica
pizza
stolnjak
nappe
pribor za jelo
couverts

predjelo

hors d'œuvre

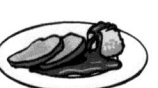

glavno jelo

plat principal

desert

dessert

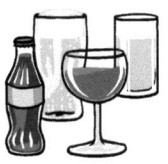

piće

boissons

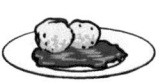

jelo

alimentation

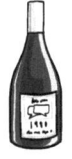

flaša

bouteille

brza hrana

fast-food

jelo sa ulice

plats à emporter

čajnik

théière

šećernica

sucrier

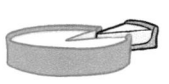

porcija

portion

mašina za espreso

machine à expresso

barska stolica

cha se haute

račun

facture

tacna

plateau

nož

couteau

viljuška

fourchette

kašika

cuillère

kašičica

cuil ère à thé

salveta

serviette

čaša

verre

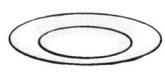

tanjir

assiette

tanjir za supu

assiette à soupe

tanjurić

soucoupe

sos

sauce

solanik

salière

mlin za biber

moulin à poivre

sirće

vinaigre

ulje

huile

začini

épices

kečap

ketchup

senf

moutarde

majoneza

mayonnaise

supermarket
supermarché

ponuda
offre promotionnelle
klijent
client
FOR
mliječni proizvodi
produits laitiers
voće
fruits
kolica za kupovinu
chariot

BUTCHERS

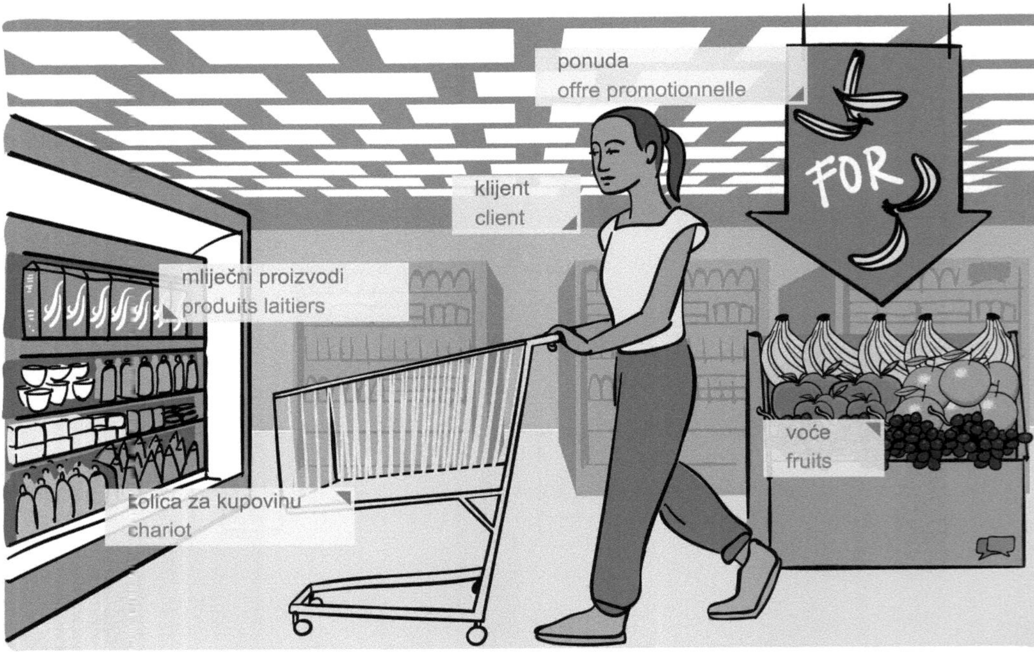

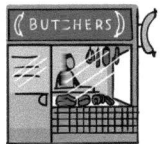

mesnica- klaonica

boucherie

BAKERY

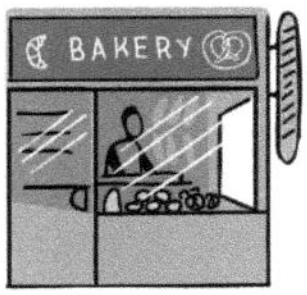

pekara

boulangerie

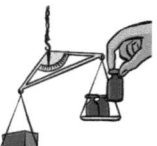

vagati

peser

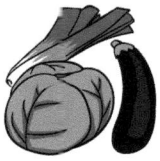

povrće

légumes

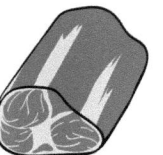

meso

viande

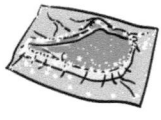

zaleđena hrana

aliments surgelés

narezak

charcuterie

konzerve

conserves

prašak za veš

poudre à lessive

slatkiši

bonbons

kućanski proizvodi

articles ménagers

sredstvo za čišćenje

détergents

prodavačica

vendeuse

kasa

caisse

blagajnik

caissier

lista za kupovinu

liste d'achats

radno vrijeme

heures d'ouverture

novčanik

portefeuille

kreditna kartica

carte de crédit

torba

sac

najlonska vrećica

sac en plastique

voda

eau

sok

jus de fruit

mlijeko

lait

kola

coca

vino

vin

pivo

bière

a kohol

alcool

kakao

chocolat chaud

čaj

thé

kafa

café

espreso

expresso

kapućino

cappuccino

banana
banane

jabuka
pomme

narandža
orange

lubenica
melon

limun
citron

mrkva
carotte

bijeli luk
ail

bambus
bambou

crveni luk
oignon

gljiva
champignon

orašasti plodovi
noisettes

pasta
pâtes

špagete

spaghetti

riža

riz

salata

salade

pomfrit

pommes frites

pečeni krompir

pommes de terre rôties

pica

pizza

hamburger

hamburger

sendvič

sandwich

šnicla

escalope

šunka

jambon

kobasica

salami

kobasica

saucisse

kokoš

poulet

pečenje

rôti

riba

poisson

zobene pahuljice

flocons d'avoine

muzli

muesli

kornfleks

cornflakes

brašno

farine

kroason

croissant

zemičke

petits-pains

kruh

pain

tost

pain grillé

keksi

biscuits

maslac

beurre

svježi sir

le fromage blanc

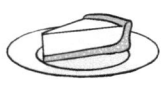

kolač

gâteau

jaje

œuf

jaje na oko

œuf au plat

sir

fromage

sladoled

glace

šećer

sucre

med

miel

marmelada

confiture

nugat krema

crème nougat

kuri

curry

seosko imanje
ferme

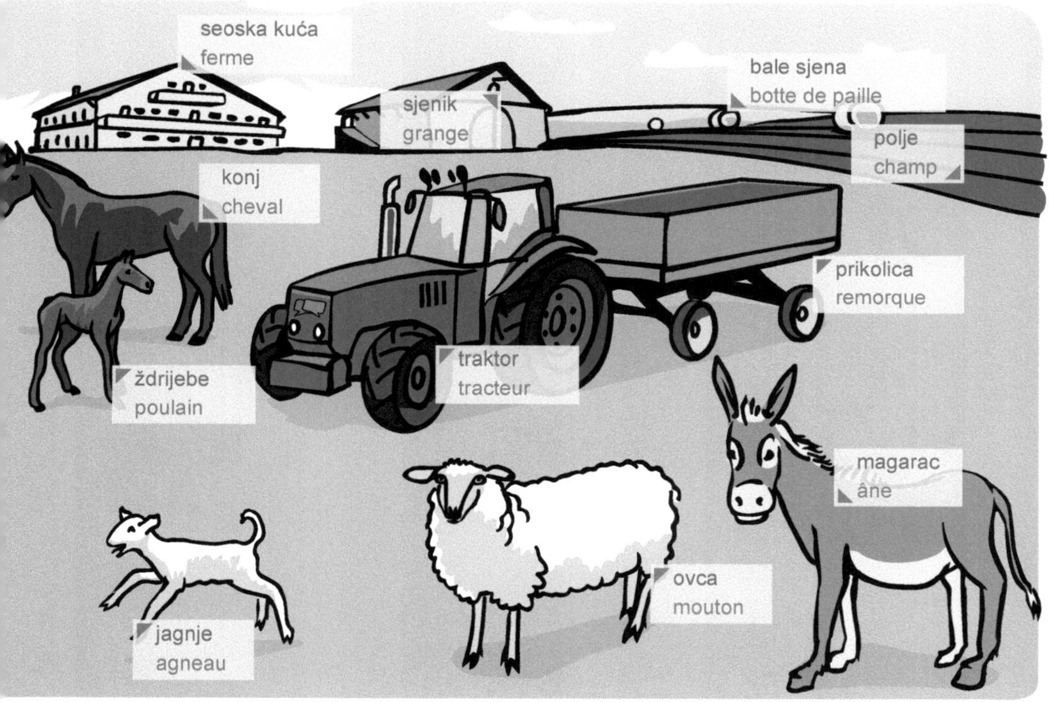
seoska kuća
ferme
sjenik
grange
bale sjena
botte de paille
polje
champ
konj
cheval
prikolica
remorque
traktor
tracteur
ždrijebe
poulain
magarac
âne
ovca
mouton
jagnje
agneau

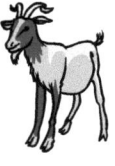

koza
chèvre

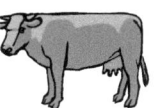

krava
vache

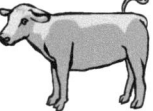

tele
veau

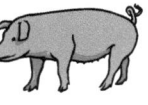

svinja
porc

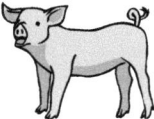

prase
porcelet

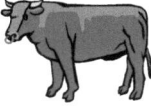

bik
taureau

ćuska
oie

patka
canard

pile
poussin

kokoška
poule

pjetao
coq

pacov
rat

mačka
chat

miš
souris

vol
bœuf

pas
chien

pseća kućica
chenil

crijevo za baštu
tuyau de jardin

kanta za zalijevanje
arrosoir

kosa
faucheuse

plug
charrue

srp
faucille

motika
pioche

vile
fourche

sjekira
hache

tačke
brouette

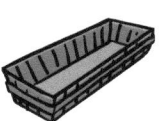

korito
cuve

bokal za mlijeko
pot à lait

vreća
sac

ograda
clôture

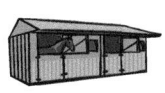

štala
étable

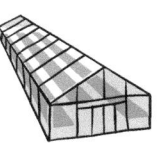

staklenik
serre

tlo
sol

sjeme
semences

đubrivo
engrais

kombajn
moissonneuse-batteuse

kositi

recolter

žetva

récolte

jam korijen

igname

pšenica

blé

soja

soja

krompir

pomme de terre

kukuruz

maïs

uljana repica

colza

drvo voća

arbre fruitier

manioka

manioc

žito

céréales

kuća
maison

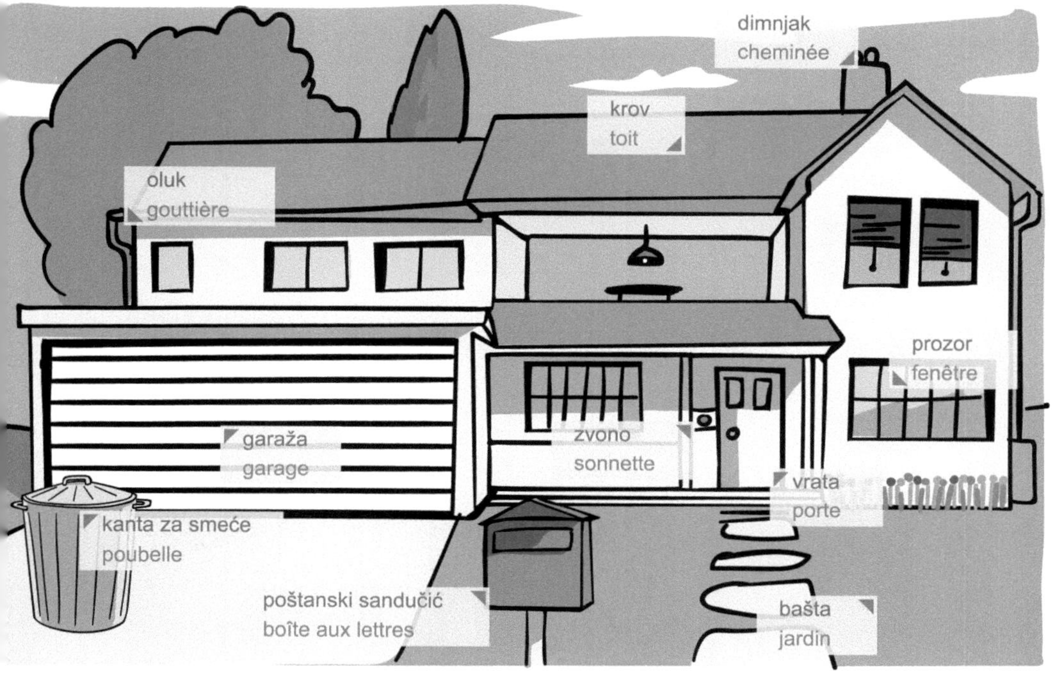
dimnjak
cheminée
krov
toit
oluk
gouttière
prozor
fenêtre
garaža
garage
zvono
sonnette
vrata
porte
kanta za smeće
poubelle
poštanski sandučić
boîte aux lettres
bašta
jardin

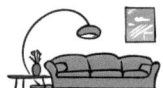

dnevni boravak

salon

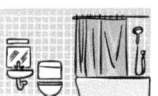

kupatilo

salle de bain

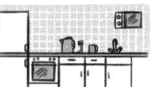

kuhinja

cuisine

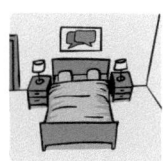

spavaća soba

chambre à coucher

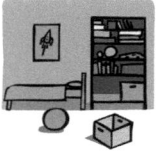

dječija soba

chambre d'enfant

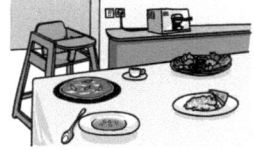

trpezarija

salle à manger

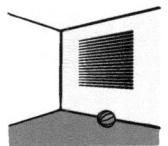

pod, tlo
sol

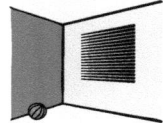

zid
mur

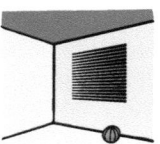

plafon
plafond

podrum
cave

sauna
sauna

balkon
balcon

terasa
terrasse

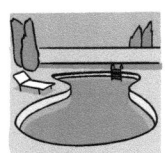

bazen
piscine

kosilica
tondeuse à gazon

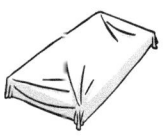

posteljina
housse

pokrivač
couette

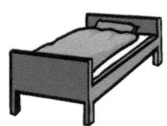

krevet
lit

metla
balai

kanta
sceau

prekidač
interrupteur

kuća - maison

dnevni boravak
salon

tapeta
papier peint
fotografija
image
lampa
lampe
polica
étagère
ormar
armoire
televizija
télé
dimnjak
cheminée
cvijet
fleur
jastuk
coussin
kauč
sofa
vaza
vase
daljinski upravljač
télécommande

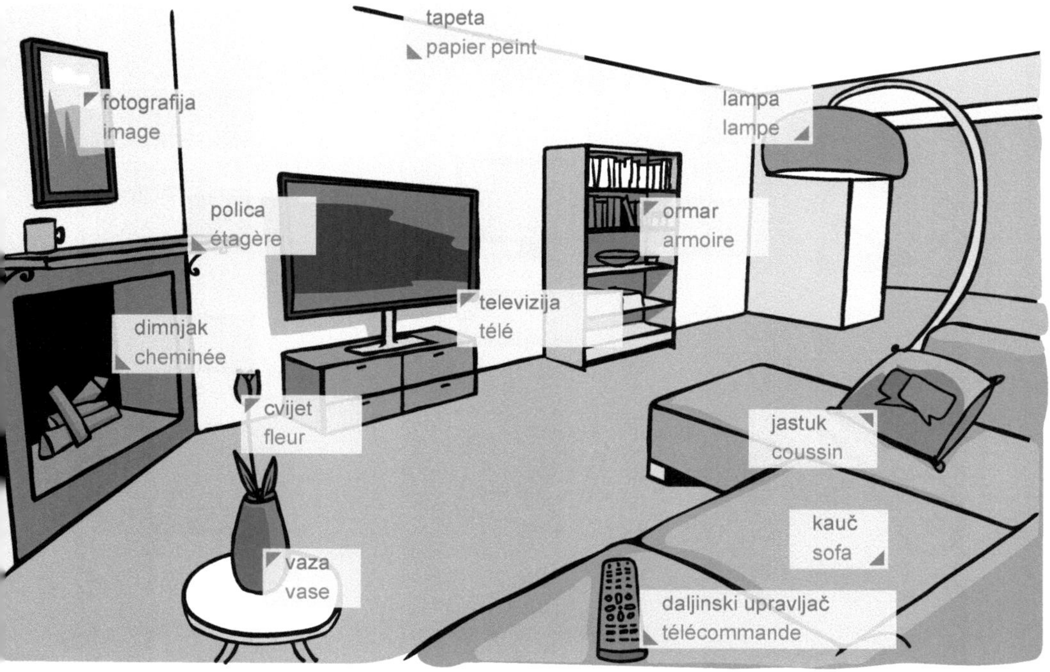

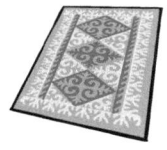

tepih

tapis

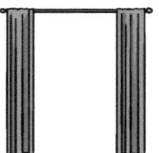

zavjesa

rideau

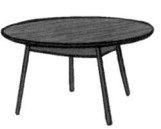

stol

table

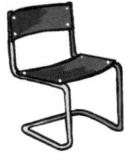

stolica

chaise

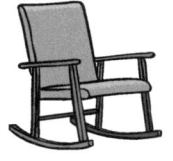

stolica za ljuljanje

chaise à bascule

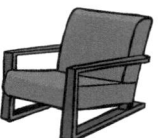

fotelja

fauteuil

knjiga
livre

deka
couverture

dekoracija
décoration

ložno drvo
bois de chauffage

film
film

stereo uređaj
chaîne hi-fi

ključ
clé

novine
journal

umjetnička slika
peinture

poster
poster

radio
radio

blok za bilješke
bloc-notes

usisavač
aspirateur

kaktus
cactus

svijeća
bougie

kuhinja
cuisine

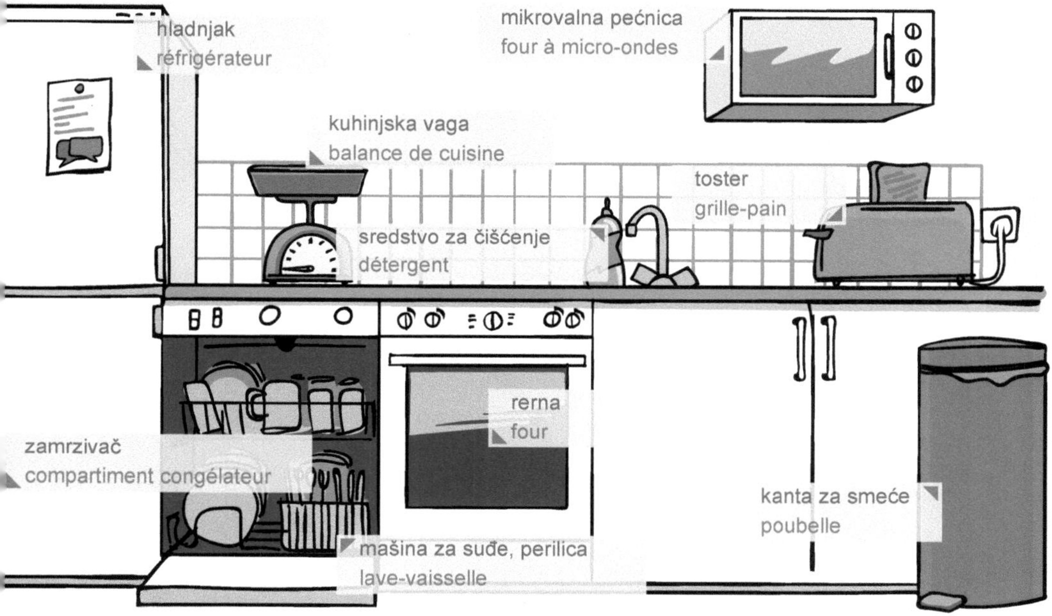
hladnjak
réfrigérateur
mikrovalna pećnica
four à micro-ondes
kuhinjska vaga
balance de cuisine
toster
grille-pain
sredstvo za čišćenje
détergent
rerna
four
zamrzivač
compartiment congélateur
kanta za smeće
poubelle
mašina za suđe, perilica
lave-vaisselle

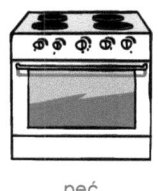

peć

four

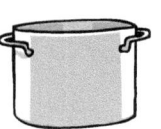

lonac

casserole

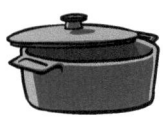

metalni lonac

marmite

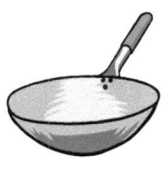

vok / kadai

wok / kadai

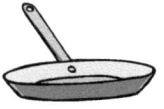

tava, tiganj

poêle

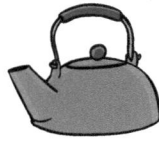

kuhalo

bouilloire electrique

aparat za kuhanje na pari

cuiseur vapeur

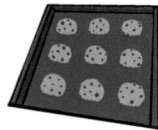

lim za pečenje

plaque de cuisson

posuđe

vaisselle

šalica

gobelet

činija

coupe

kineski štapići

baguettes

kutlača

louche

lopatica

spatule

metlica za snijeg bjelanjca

fouet

sito za kuhanje

passoire

sito

tamis

ribež

râpe

avar s tučkom

mortier

roštilj

barbecue

ložište

cheminée

daska
planche à découper

oklagija
rouleau à pâtisserie

vadičep
tire-bouchon

konzerva
boîte

otvarač za konzerve
ouvre-boîte

krpe za lonac
maniques

sudoper
lavabo

četka
brosse

spužva
éponge

mikser
mixeur

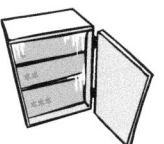

zamrzivač
congélateur

flašica za bebu
biberon

slavina
robinet

kupatilo

salle de bain

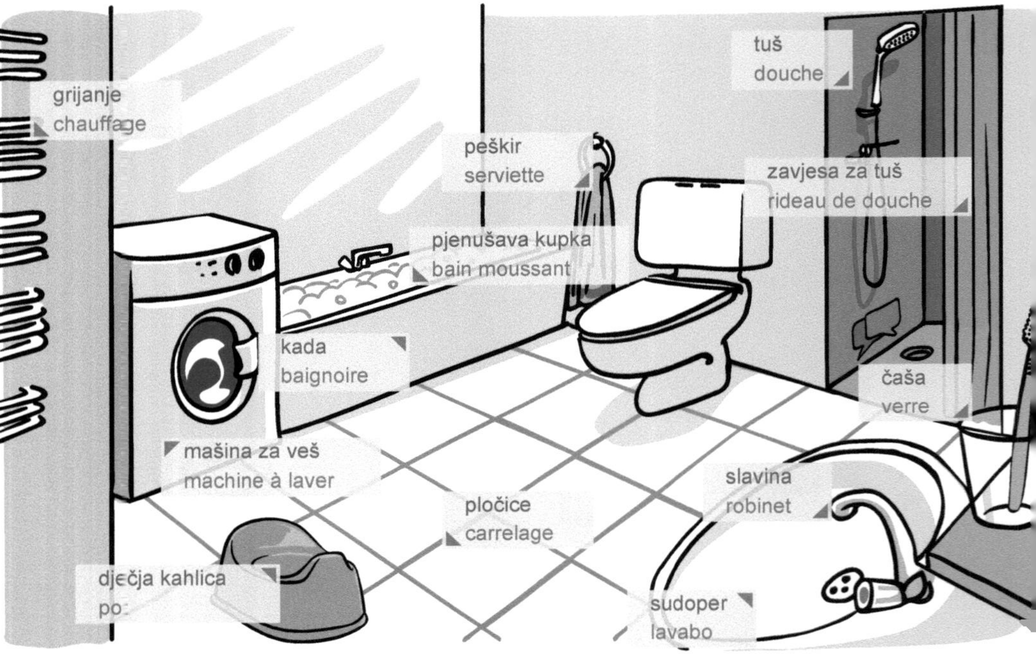
grijanje
chauffage
peškir
serviette
tuš
douche
zavjesa za tuš
rideau de douche
pjenušava kupka
bain moussant
kada
baignoire
čaša
verre
mašina za veš
machine à laver
slavina
robinet
pločice
carrelage
dječja kahlica
po
sudoper
lavabo

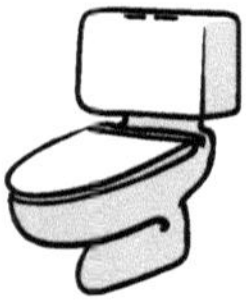

toalet

toilettes

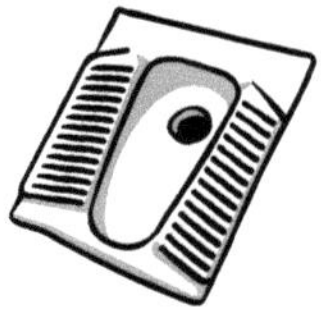

čučavac

toilette à la turque

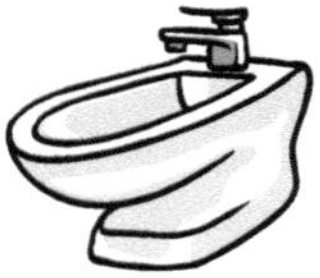

bide

bidet

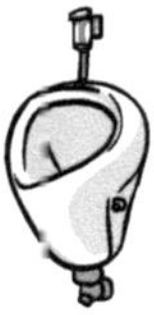

pisoar

urinoir

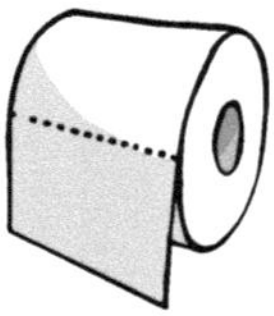

toalet papir

papier toilette

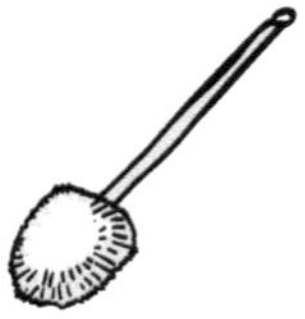

četka za wc

brosse à toilette

četkica za zube

brosse à dents

pasta za zube

dentifrice

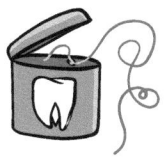

zubni konac

fil dentaire

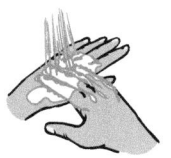

prati

laver

tuš

douche manuelle

intimni tuš

douche intime

lavor

vasque

četka za leđa

brosse dorsale

sapun

savon

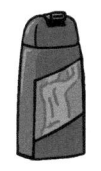

gel za tuširanje

gel douche

šampon

shampooing

krpe za pranje

gant de toilette

odvod

écoulement

krema

crème

dezodorans

déodorant

ogledalo

miroir

ogledalo za šminkanje

miroir cosmétique

brijač

rasoir

pjena za brijanje

mousse à raser

vodica poslije brijanja

après-rasage

češalj

peigne

četka

brosse

fen

sèche-cheveux

sprej za kosu

laque pour cheveux

puder

fond de teint

karmin

rouge à lèvres

lak za nokte

vernis à ongles

vata

ouate

makazice za nokte

coupe-ongles

parfem

parfum

kozmetička torbica

trousse de toilette

hoklica

tabouret

vaga

pèse-personne

kupaći ogrtač

peignoir

rukavice za čišćenje

gants de nettoyage

tampon

tampon

uložak za dame

serviettes hygiéniques

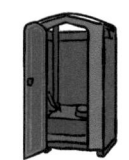

hemijski toalet

toilette chimique

dječija soba
chambre d'enfant

budilnik
réveil
plišana igračka
doudou
auto za igru
voiture jouet
zvečka
hochet
kućica za lutke
maison de poupée
poklon
cadeau

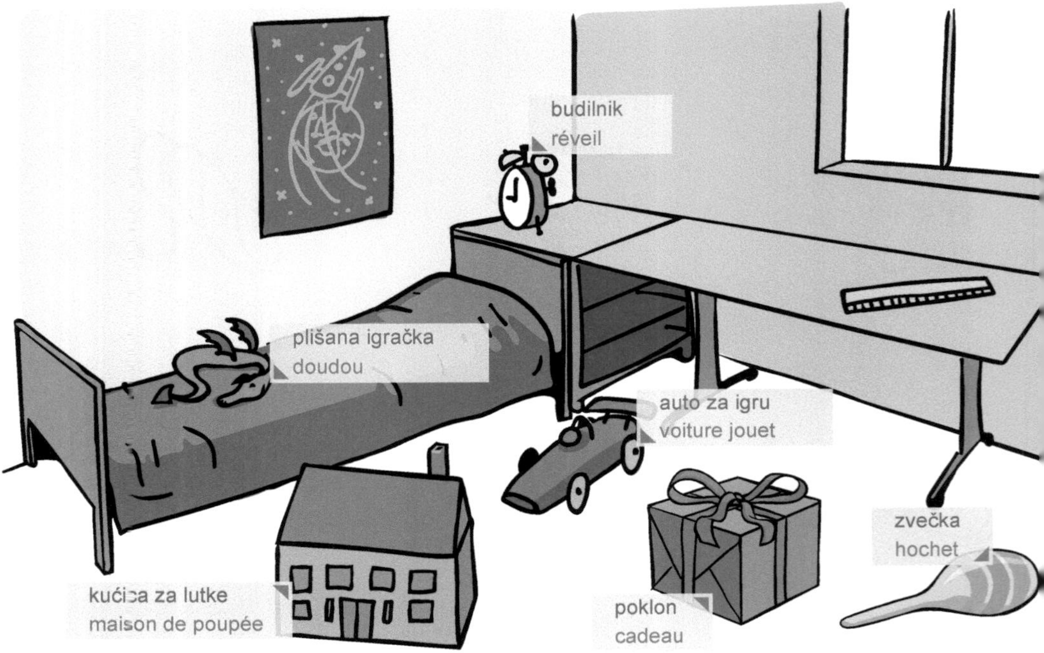

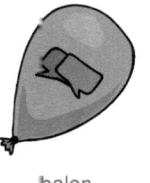

balon

ballon

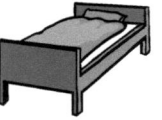

krevet

lit

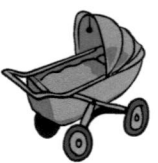

kolica za djecu

poussette

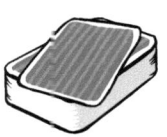

karte za igranje

jeu de cartes

puzle

puzzle

SUPER
MEGA

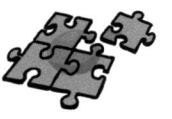

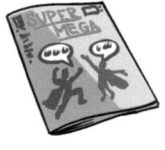

strip

bande dessinée

lego kockice

pièces lego

kockice za gradnju

blocs de construction

akcione figure

figurine

benkica

grenouillère

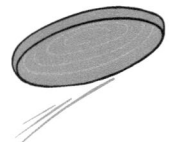

frizbi

frisbee

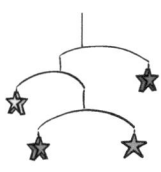

mobile

mobile

igra na ploči

jeu de société

kocka

dé

miniatura željeznice

train miniature

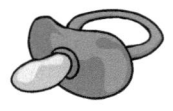

cucla

sucette

zabava

fête

slikovnica

livre d'images

lopta

balle

lutka

poupée

igrati

jouer

pješćanik

bac à sable

ljuljačka

balançoire

igračke

jouets

konzcla za igru

consɔle de jeu

triciklo

tricycle

medvjedić

ours en peluche

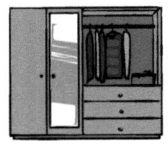

crmar

armoire

odjeća
vêtements

kratkǝ čarape

chaussettes

čarape

bas

hulahopke

collant

šal
écharpe

kišobran
parapluie

majica kratkih rukava
t-shirt

kaiš
ceinture

čizme
bottes

papuče
pantoufles

patike
baskets

sandale
sandales

cipele
chaussures

gumene čizme
bottes de caoutchouc

gaće
sous-vêtements

grudnjak
soutien-gorge

potkošulja
maillot de corps

odjeća - vêtements

bodi
body

hlače
pantalon

farmerke
jean

suknja
jupe

bluza
chemisier

košulja
chemise

džemper
pull

majica
sweat à capuche

sako
veste

_akna
veste

mantil
manteau

kišni mantil
imperméable

kostim
costume

haljina
robe

vjenčanica
robe de mariée

odijelo

costume

spavaćica

chemise de nuit

pidžama

pyjama

sari

sari

marama

foulard

turban

turban

burka

burqa

kaftan

caftan

abaja

abaya

kupaći kostim

maillot de bain

kupaće gaće

maillot de bain

kratke hlače

short

trenerka

tenue d'entraînement

pregača

tablier

rukavice

gants

dugme

bouton

naočare

lunettes

narukvica

bracelet

ogrlica

collier

prsten

bague

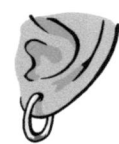

naušnica

boucle d'oreille

kapa

bonnet

vješalica

cintre

šešir

chapeau

kravata

cravate

patentni zatvarač

fermeture éclair

kaciga

casque

tregeri za hlače

bretelles

školska uniforma

uniforme scolaire

uniforma

uniforme

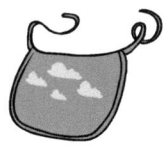

podbradak

bavoir

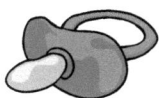

cucla

sucette

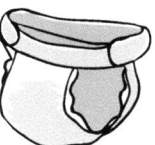

pelene

lange

ured

bureau

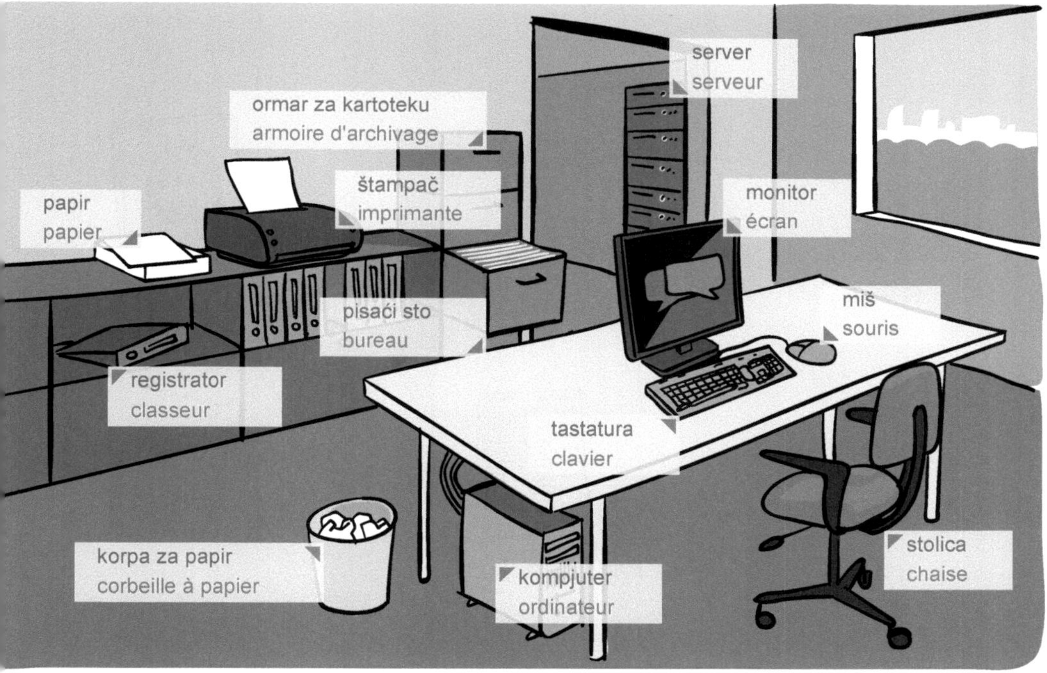
server
serveur
ormar za kartoteku
armoire d'archivage
štampač
imprimante
papir
papier
monitor
écran
miš
souris
pisaći sto
bureau
registrator
classeur
tastatura
clavier
korpa za papir
corbeille à papier
kompjuter
ordinateur
stolica
chaise

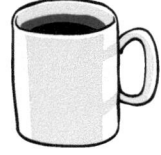

šolja za kafu

tasse de café

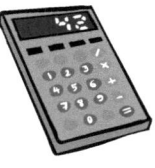

kalkulator

calculatrice

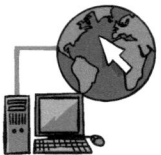

internet

internet

laptop

ordinateur portable

pismo

lettre

poruka

message

mobilni telefon

portable

mreža

réseau

aparat za kopiranje

photocopieuse

softver

logiciel

telefon

téléphone

utičnica

prise

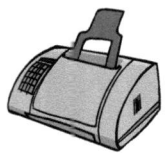

faks

fax

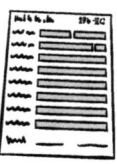

formular

formulaire

dokument

document

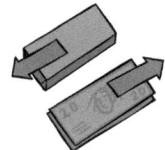

kupovati

acheter

platiti

payer

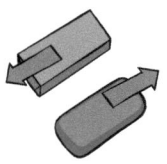

trgovati

faire du commerce

novac

monnaie

dolar

dollar

euro

euro

jen

yen

rublja

rouble

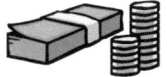

franak

franc suisse

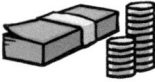

renminbi jen

renminbi yuan

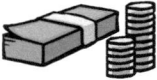

rupi

roupie

bankomat

distributeur automatique

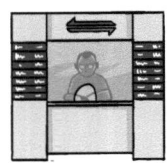

mjenjačnica
bureau de change

zlato
or

srebro
argent

nafta
pétrole

energija
énergie

cijena
prix

ugovor
contrat

porez
taxe

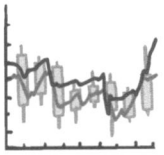

akcija
action

raditi
travailler

službenik
employé

poslodavac
employeur

fabrika
usine

radnja
magasin

zanimanja
professions

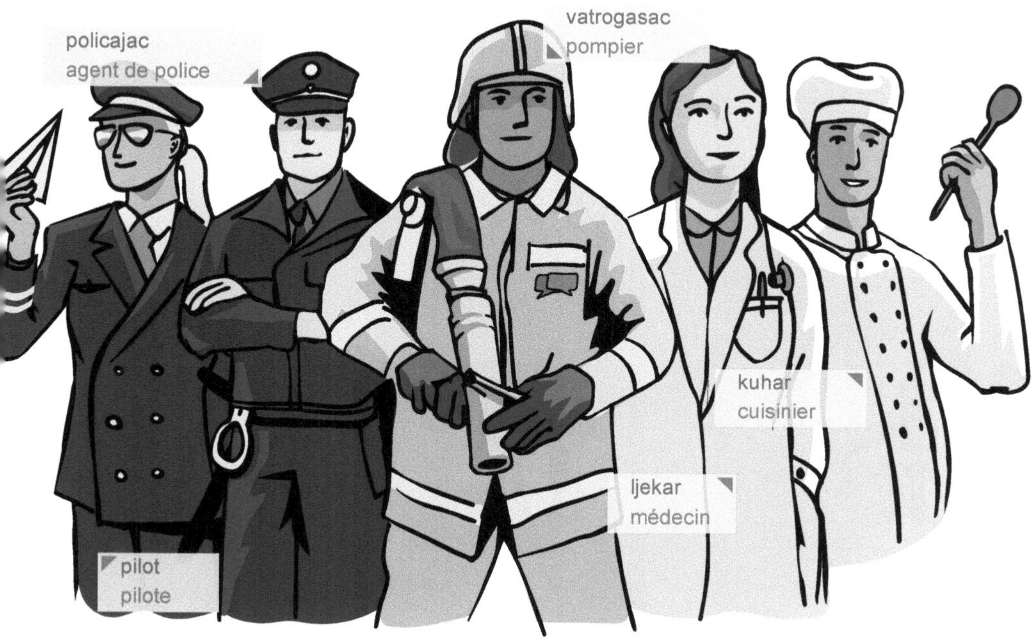
vatrogasac
pompier
policajac
agent de police
kuhar
cuisinier
ljekar
médecin
pilot
pilote

baštovan

jardinier

stolar

menuisier

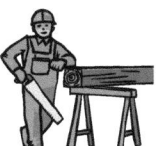

krojačica

couturière

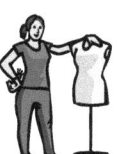

sudija

juge

hemičar

chimiste

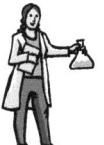

glumac

acteur

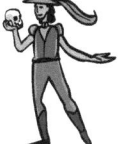

voza? autobusa

condu?teur de bus

vozač taksija

chauffeur de taxi

ribar

pêcheur

č:stačica

femmε de ménage

krovopokrivač

couvreur

konobar

serveur

lovac

chasseur

moler

peintre

pekar

boulanger

eektričar

électricien

građevinski radnik

ouvrier

inženjer

ingénieur

koljač

boucher

limar, vodoinstalater

plombier

poštar

facteur

vojnik

soldat

arhitekta

architecte

blagajnik

caissier

cvjećar

fleuriste

frizer

coiffeur

kontrolor

contrôleur

mehaničar

mécanicien

kapiten

capitaine

zubar

dentiste

naučnik

scientifique

rabin

rabbin

imam

imam

monah

moine

sveštenik

prêtre

alat
outils

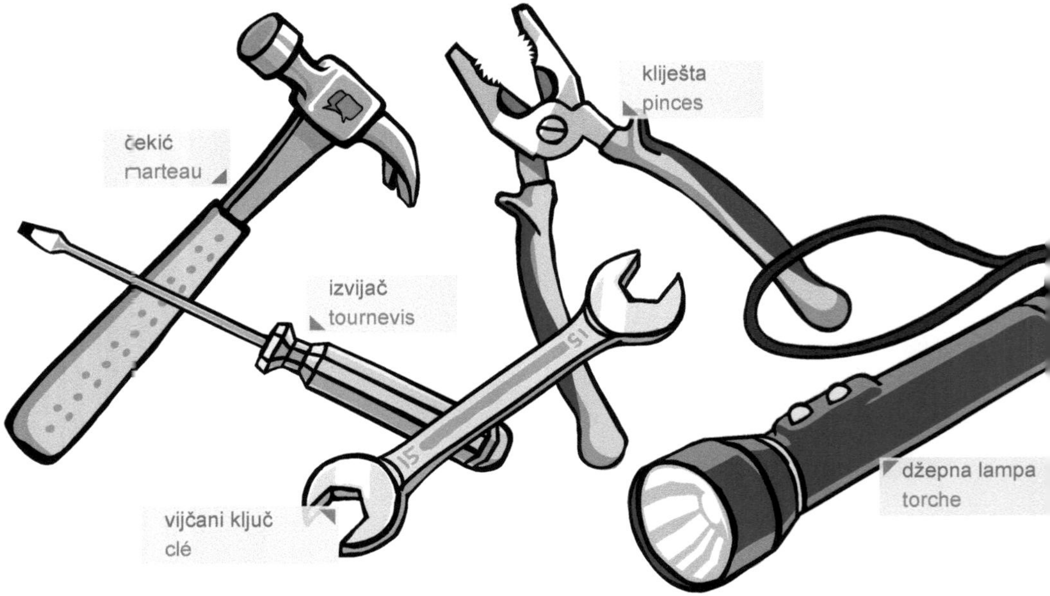
čekić
marteau
klješta
pinces
izvijač
tournevis
vijčani ključ
clé
džepna lampa
torche

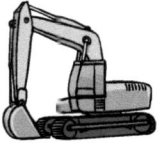

bager

pelleteuse

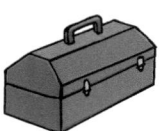

kutija sa alatom

boîte à outils

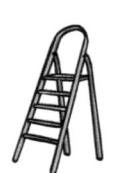

ljestve

échelle

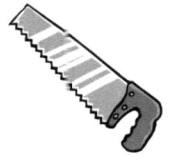

testera, pila

scie

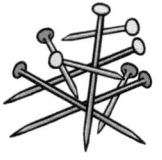

ekser

clous

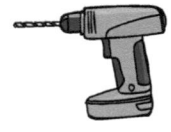

bušilica

perceuse

popraviti

réparer

lopata

pelle

sranje!

Mince !

lopatica

pelle

kanta boje

pot de peinture

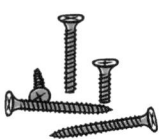

vijak

vis

muzički instrumenti

instruments de musique

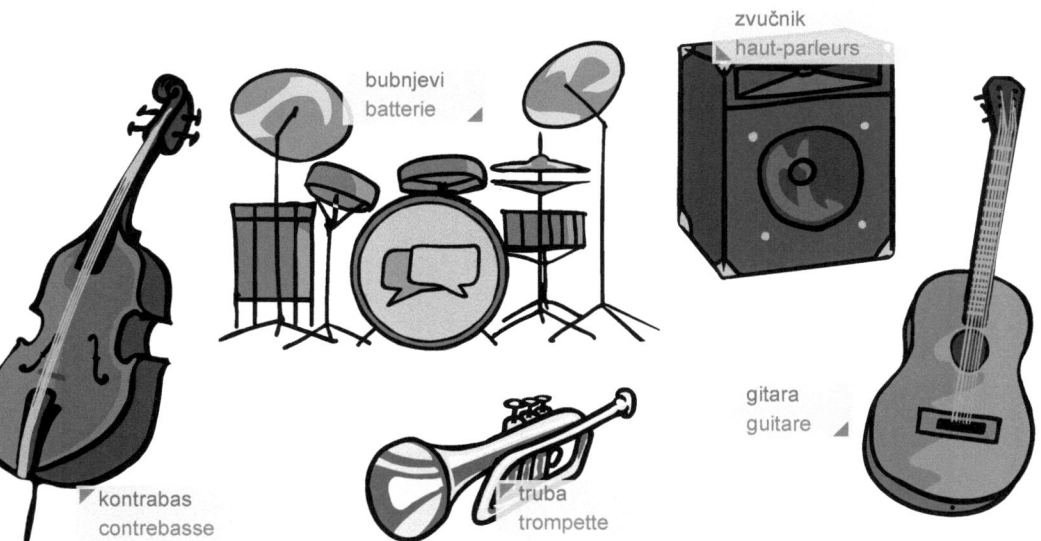

zvučnik
haut-parleurs

bubnjevi
batterie

gitara
guitare

kontrabas
contrebasse

truba
trompette

klavir

piano

violina

violon

bas

basse

bubanj timpani

timbales

bubanj

tambour

sintisajzer

piano électrique

saksofon

saxophone

flauta

flûte

mikrofon

microphone

zološki vrt

zoo

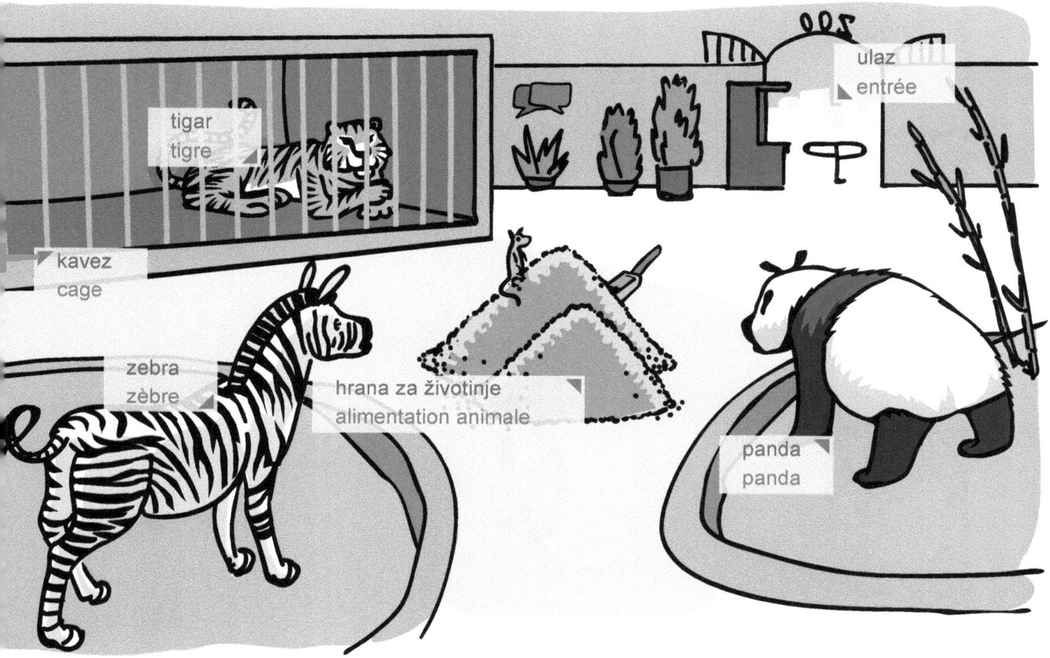

tigar
tigre
ulaz
entrée
kavez
cage
zebra
zèbre
hrana za životinje
alimentation animale
panda
panda

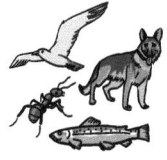

životinje

animaux

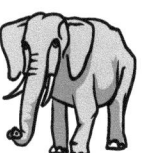

slon

éléphant

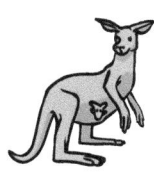

kengur

kangourou

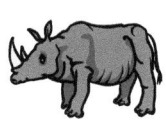

nosorog

rhinocéros

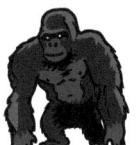

gorila

gorille

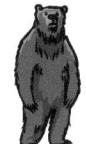

medvjed

ours

kamila

chameau

noj

autruche

lav

lion

majmun

singe

flamingo

flamand rose

papagaj

perroquet

polarni medvjed

ours polaire

pingvin

pingouin

morski pas

requin

paun

paon

zmija

serpent

krokodil

crocodile

čuvar u zološkom vrtu

garcien de zoo

tuljan

phoque

jaguar

jaguar

poni
poney

leopard
léopard

nilski konj
hippopotame

žirafa
girafe

orao
aigle

divlja svinja
sanglier

riba
poisson

kornjača
tortue

morž
morse

lisica
renard

gazela
gazelle

američki fudbal
american Football

vožnja bicikla
cyclisme

tenis
tennis

košarka
basket-ball

plivanje
natation

boks
boxe

hokej na ledu
hockey sur glace

fudbal
football

bedminton
badminton

laka atletika
athlétisme

rukomet
handball

skijanje
ski

polo
polo

aktivnosti
activités

smijati se
rire
skakati
sauter
zagrliti
embrasser
ići
marcher
pjevati
chanter
sanjati
rêver
moliti
prier
ljubiti
faire la bise

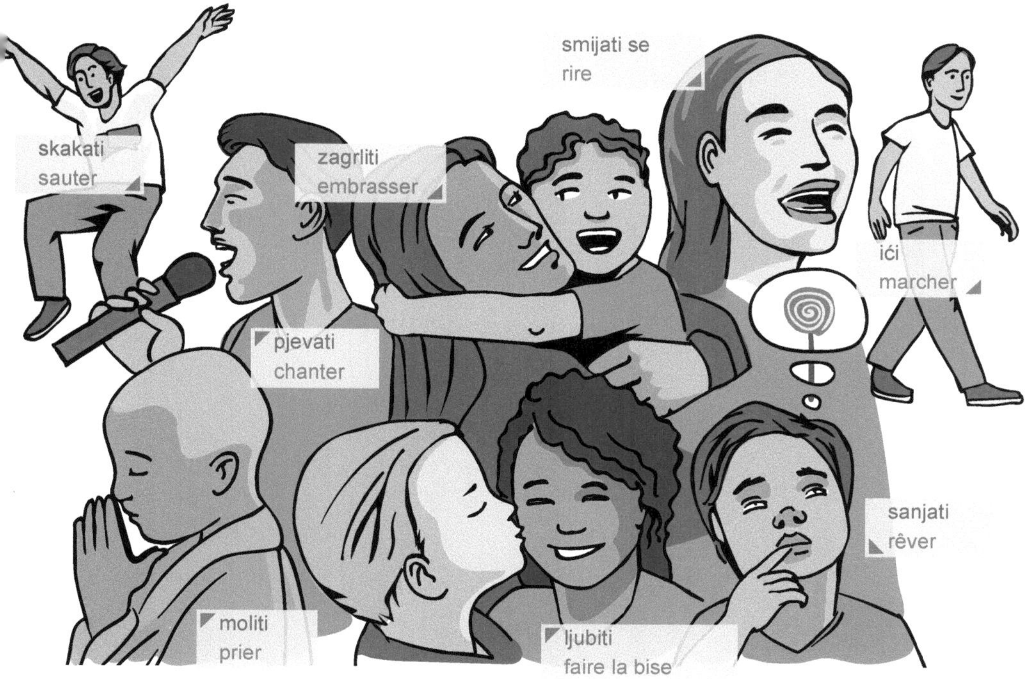

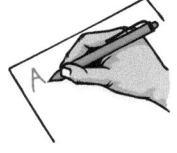

pisati
écrire

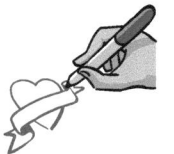

crtati
dessiner

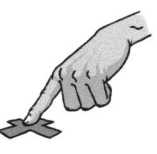

pokazati
montrer

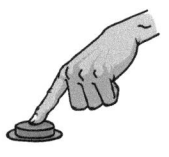

gurati
pousser

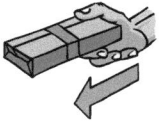

dati
donner

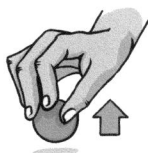

uzeti
prendre

imati

avoir

raditi

faire

biti

être

stajati

être debout

trčati

courir

vući

trier

baciti

jeter

pasti

tomber

ležati

être couché

čekati

attendre

nositi

porter

sjediti

être assis

obući

s'habiller

spavati

dormir

probuditi

se réveiller

pogledati

regarder

plakati

pleurer

milovati

caresser

češljati

peigner

govoriti

parler

razumjeti

comprendre

pitati

demander

slušati

écouter

piti

boire

jesti

manger

pospremiti

ranger

voljeti

aimer

kuhati

cuire

voziti

conduire

letjeti

voler

jedriti

faire de la voile

računati

calculer

čitati

lire

učiti

apprendre

raditi

travailler

vjenčavti

se marier

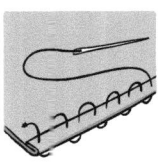

šiti

coudre

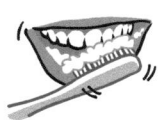

prati zube

brosser les dents

ubiti

tuer

pušiti

fumer

slati

envoyer

porodica
famille

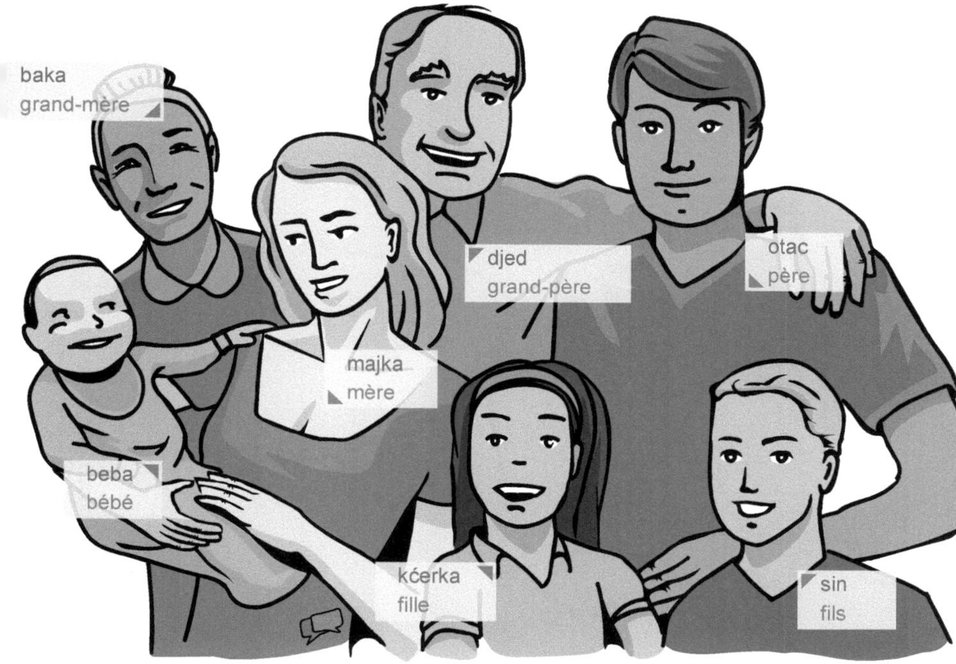
baka
grand-mère
djed
grand-père
otac
père
majka
mère
beba
bébé
kćerka
fille
sin
fils

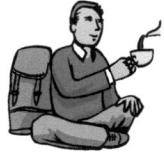

gost

hôte

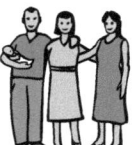

ujna, tetka, strina

tante

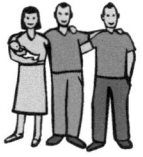

ujak, tetak, stric

oncle

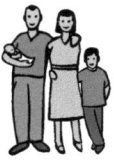

brat

frère

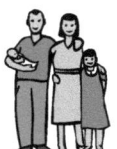

sestra

sœur

tijelo

corps

čelo
front
oko
œil
leđa
épaule
prst
doigt
lice
visage
brada
menton
ruka, šaka
main
noga
jambe
grudi
poitrine
ruka
bras

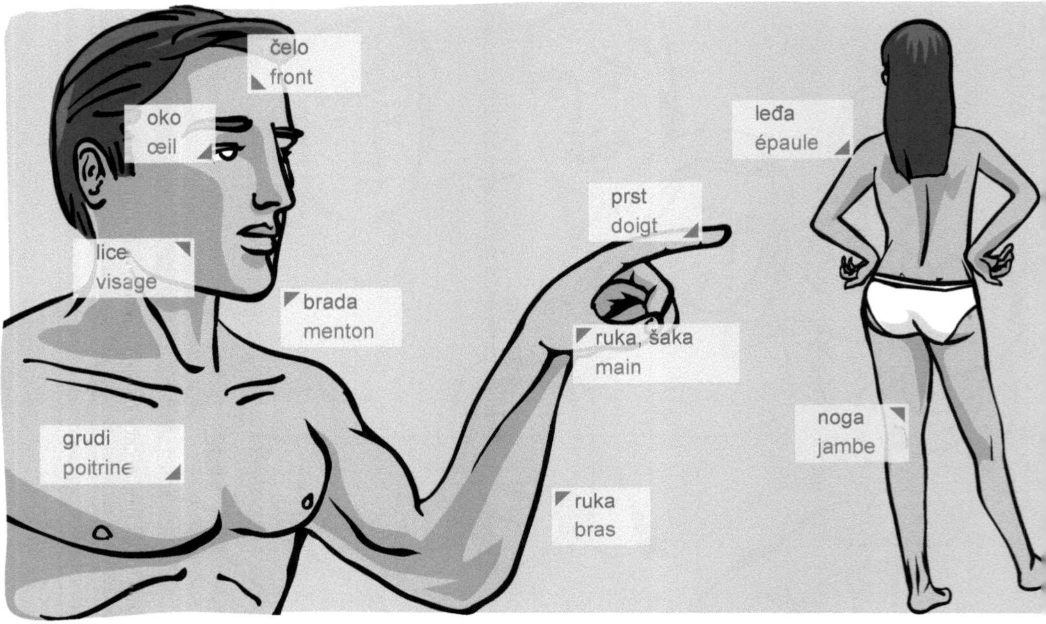

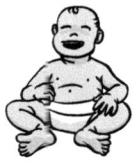

beba

bébé

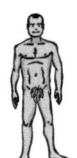

muškarac

homme

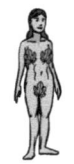

žena

femme

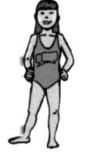

djevojčica

fille

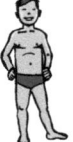

dječak

garçon

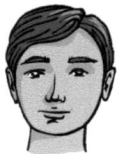

glava

tête

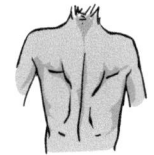

leđa

dos

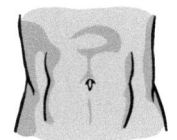

stomak

ventre

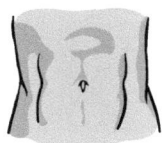

pupak

nombril

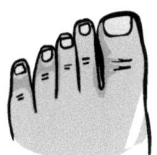

nožni prst

orteil

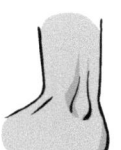

peta

talon

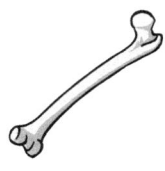

kosti

os

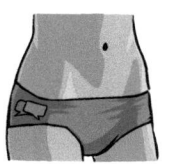

kuk

hanche

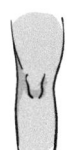

koljeno

genou

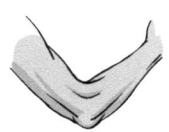

lakat

coude

nos

nez

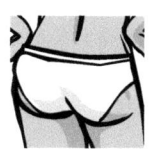

stražnjica

fesses

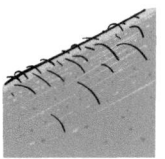

koža

peau

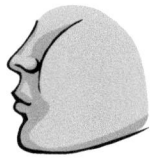

obraz

joue

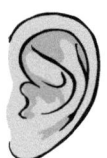

uho

oreille

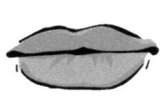

usna

lèvre

usta

bouche

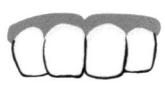

zub

dent

jezik

langue

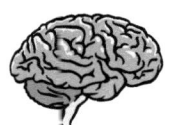

mozak

cerveau

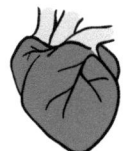

srce

cœur

mišić

muscle

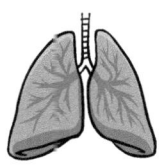

pluća

poumons

jetra

foie

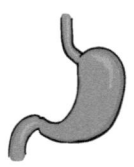

želudac

estomac

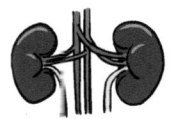

bubreg

reins

spolni odnos

rapport sexuel

kondom

préservatif

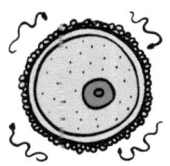

jajna ćelija

ovule

sperma

sperme

trudnoća

grossesse

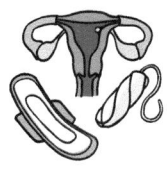

menstruacija

menstruation

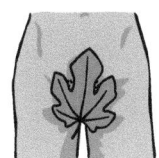

vagina

vagin

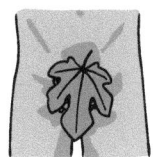

penis

pénis

obrva

sourcil

kosa

cheveux

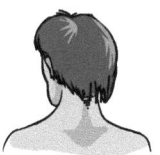

vrat

cou

bolnica
hôpital

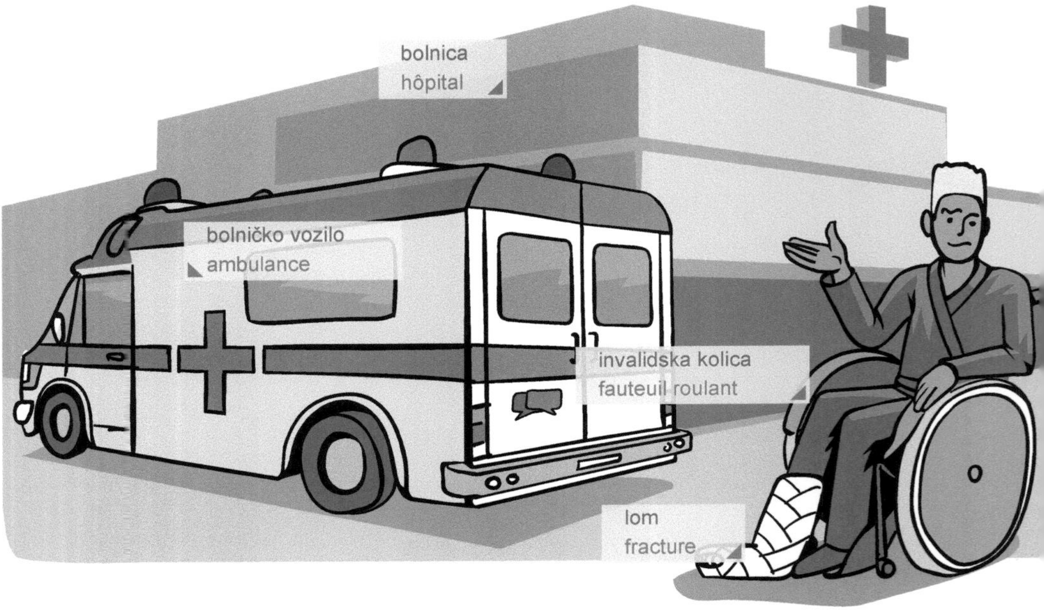

bolnica
hôpital
bolničko vozilo
ambulance
invalidska kolica
fauteuil roulant
lom
fracture

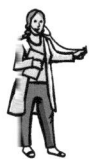

ljekar

médecin

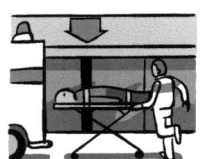

hitna služba

service des urgences

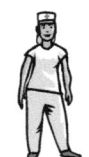

medicinska sestra

infirmière

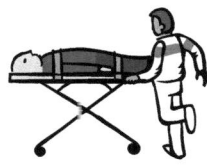

hitna pomoć

urgence

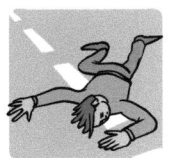

nesvjest

inconscient

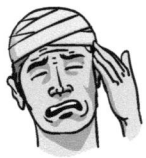

bol

douleur

povreda

blessure

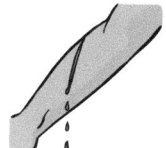

krvarenje

hémorragie

srčani udar, infarkt

crise cardiaque

moždani udar

attaque cérébrale

alergija

allergie

kašalj

toux

groznica

fièvre

gripa

grippe

proljev

diarrhée

glavobolja

mal de tête

rak

cancer

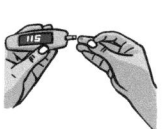

dijabetes

diabète

hirurg

chirurgien

skalpel

scalpel

operacija

opération

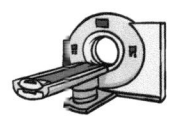

CT
CT

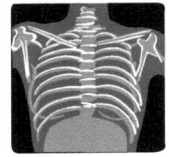

rendgen
radiographie

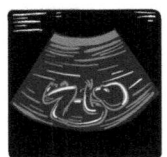

ultrazvuk
échographie

maska
masque

bolest
maladie

čekaonica
salle d'attente

štake
béquille

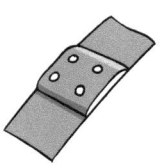

flaster
pansement

zavoj
pansement

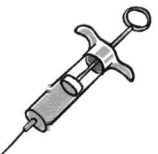

injekcija
injection

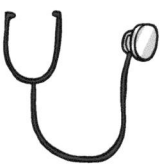

stetoskop
stéthoscope

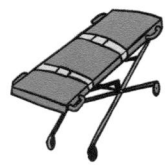

nosilo
brancard

termometar
thermomètre

porod
accouchement

prekomjerna težina, debljina

surcharge pondérale

slušni aparat

appareil auditif

sredstvo za dezinfekciju

désinfectant

infekcija

infection

virus

virus

HIV/ AIDS

VIH / sida

medicina

médicament

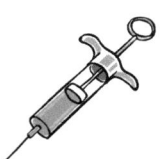

vakcinacija

vaccination

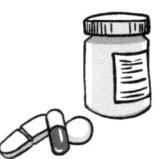

tablete

comprimés

pilula

pilule

hitni poziv

appel d'urgence

aparat za mjerenje pritiska

tensiomètre

bolestan / zdrav

malade / sain

U pomoć!

Au secours !

napad, prepad

assaut

napad

attaque

opasnost

danger

izlaz u slučaju opasnosti

sortie de secours

Požar!

Au feu!

vatrogasni aparat

extincteur

nezgoda

accident

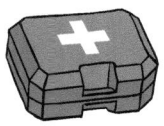

torba prve pomoći

trousse de premier secours

SOS

SOS

policija

police

Europa
Europe

Sjeverna Amerika
Amérique du Nord

Južna Amerika
Amérique du Sud

Afrika
Afrique

Azija
Asie

Australija
Australie

Atlantik
Océan atlantique

Pacifik
Océan pacifique

Indijski okean
Océan indien

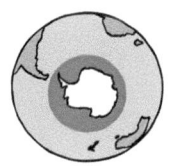

Antarktički okean
Océan antarctique

Arktički okean
Océan arctique

Sjeverni pol
pôle nord

Južni pol

pôle sud

Antarktik

Antarctique

Zemlja

terre

zemlja

pays

more

mer

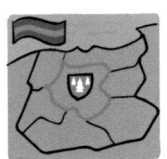

ostrvo

île

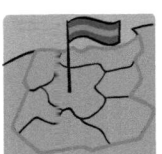

nacija

r ation

država

état

brojčanik sata

cadran

kazaljka sata

aiguille des heures

kazaljka minute

aiguille des minutes

kazaljka sekunde

aiguille des secondes

Koliko je sati?

Quelle heure est-il ?

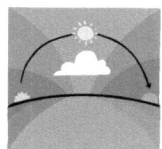

dan

jour

vrijeme

temps

sada

maintenant

digitalni sat

montre digitale

minuta

minute

sat

heure

sedmica, nedjelja
semaine

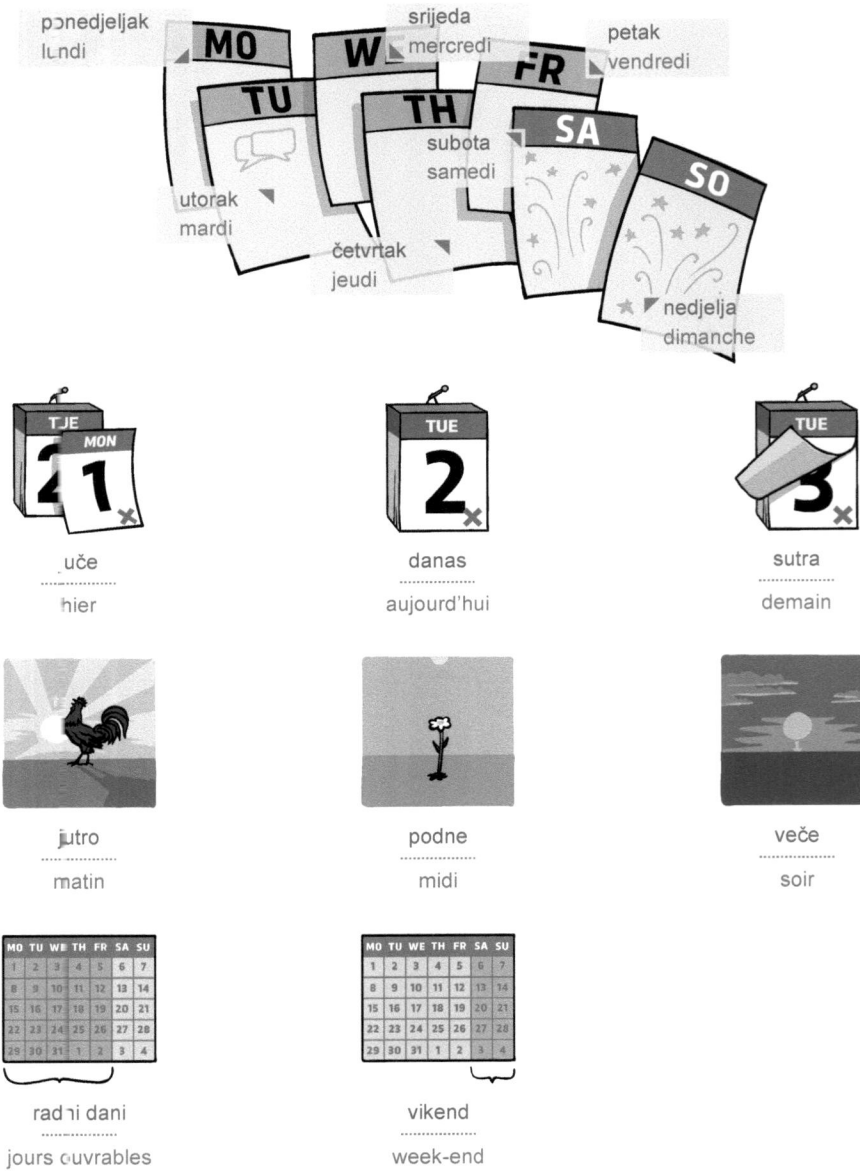

ponedjeljak
lundi

srijeda
mercredi

petak
vendredi

MO **W** **FR**

TU **TH** **SA**

subota
samedi

SO

utorak
mardi

četvrtak
jeudi

nedjelja
dimanche

juče
hier

danas
aujourd'hui

sutra
demain

jutro
matin

podne
midi

veče
soir

radni dani
jours ouvrables

vikend
week-end

kiša
pluie

duga
arc-en-ciel

vjetar
vent

snijeg
neige

proljeće
printemps

ljeto
été

jesen
automne

zima
hiver

4.APRIL	11°	☀
5.APRIL	4°	🌧
6.APRIL	13°	🌧
7.APRIL	8°	☀
8.APRIL	10°	☀

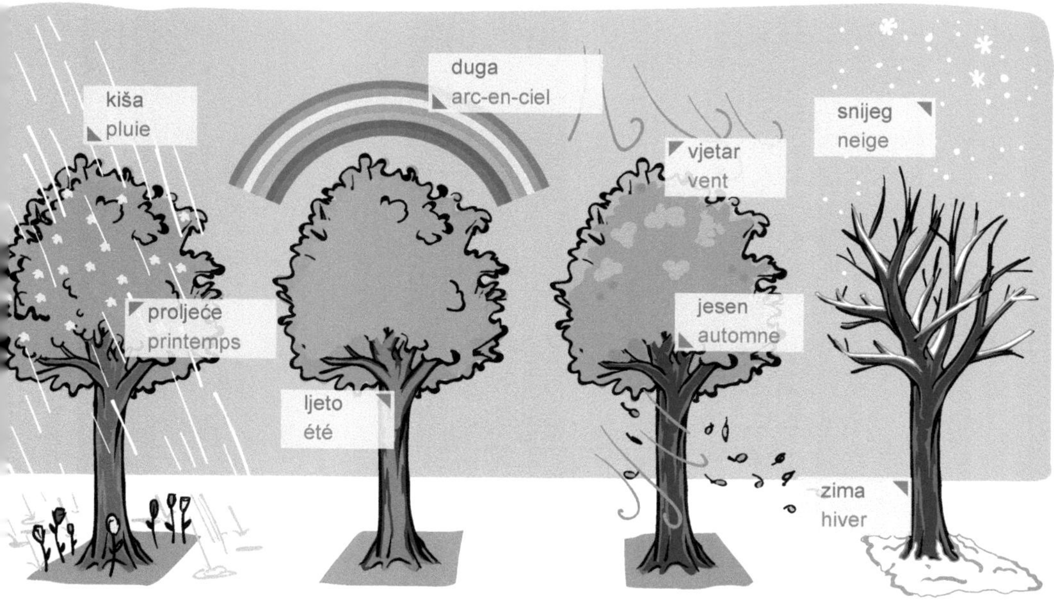

prognoza vremena
météo

termometar
thermomètre

sunčev sjaj
lumière du soleil

oblak
nuage

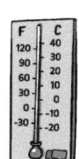

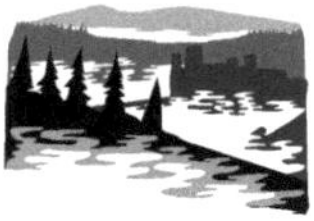

magla
brouillard

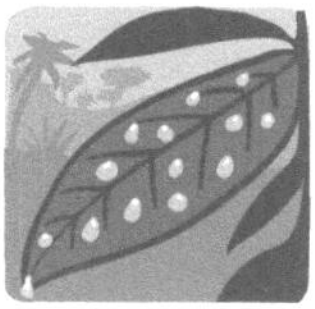

vlažnost vazduha
humidité

munja
toudre

grom
tonnerre

oluja
tempête

tuča, led
grêle

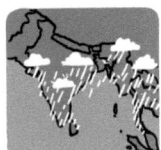

monsun
mousson

poplava
inondation

led
glace

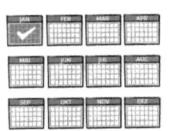

januar
janvier

februar
février

mart
mars

april
avril

maj
mai

juni
juin

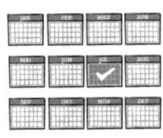

juli
juillet

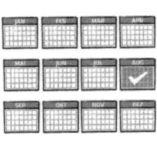

avgust
août

septembar
septembre

oktobar
octobre

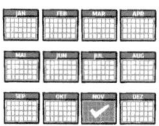

novembar
novembre

decembar
décembre

oblici

formes

krug
cercle

kvadrat
carré

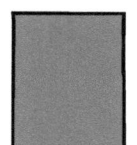

pravougao
rectangle

trougao
triangle

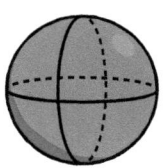

kugla
sphère

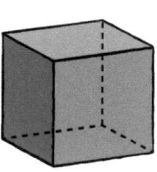

kocka
cube

bjel

blanc

žut

jaune

narandžast

orange

pink

rose

crven

rouge

ljubičast

violet

plav

bleu

zelen

vert

smeđ

marron

siv

gris

crn

noir

malo / mnogo

beaucoup / peu

ljutit / miran

fâché / calme

lijep / ružan

joli / laid

početak / kraj

début / fin

veliki / mali

grand / petit

svijetlo / tamno

clair / obscure

brat / sestra

frère / soeur

čist / prljav

propre / sale

potpun / nepotpun

complet / incomplet

dan / noć

jour / nuit

mrtav / živ

mort / vivant

široko / usko

large / étroit

ukusnc / neukusno

comestible / incomestible

zao / prijatan

méchant / gentil

uzbuđen / dosadan

excité / ennuyé

debeo / mršav

gros / mince

najprije / najkasnije

premier / dernier

prijatelj / neprijatelj

ami / ennemi

pun / prazan

plein / vide

trvd / mekan

dur / souple

težak / lagan

lourd / léger

glad / žeđ

faim / soif

bolestan / zdrav

malade / sain

ilegalan / legalan

illégal / légal

inteligentan / glup

intelligent / stupide

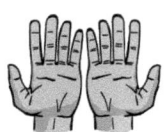

lijevo / desno

gauche / droite

blizu / daleko

proche / loin

nov / polovan

nouveau / usé

ništa / nešto

rien / quelque chose

star / mlad

vieux / jeune

uključeno / isključeno

marche / arrêt

otvoreno / zatvoreno

ouvert / fermé

tiho / glasno

faible / fort

bogat / siromašan

riche / pauvre

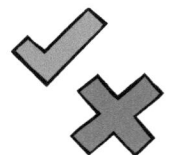

tačno / pogrešno

correct / incorrect

hrapav / glatak

rugueux / lisse

tužan / srećan

triste / heureux

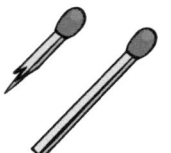

kratak / dug

court / long

spor / brz

lent / rapide

mokro / suho

mouillé / sec

toplo / hladno

chaud / froid

rat / mir

guerre / paix

0

nula

zéro

1

jedan

un / une

2

dva

deux

3

tri

trois

4

četiri

quatre

5

pet

cinq

6

šest

six

7

sedam

sept

8

osam

huit

9

devet

neuf

10

deset

dix

11

jedanaest

onze

12

dvanaest

douze

13

trinaest

treize

14

četrnaest

quatorze

15

petnaest

quinze

16

šesnaest

seize

17

sedamnaest

dix-sept

18

osamnaest

dix-huit

19

devetnaest

dix-neuf

20

dvadeset

vingt

100

sto

cent

1.000

hiljada

mille

1.000.000

milion

million

engleski

anglais

američki engleski

anglais américain

kinesko mandarinski

chinois mandarin

hindi

hindi

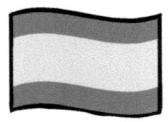

španski

espagnol

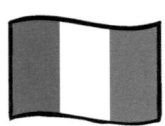

francuski

français

arapski

arabe

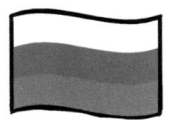

ruski

russe

portugalski

portugais

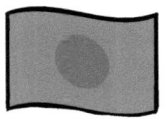

bengalski

bengali

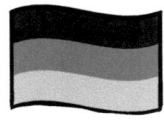

njemački

allemand

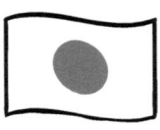

japanski

japonais

ja

je

ti

tu

on / ona / ono

il / elle / ce, c', cela

mi

nous

vi

vous

oni

ils / elles

ko?

Qui ?

šta?

Quoi ?

kako?

Comment ?

gdje?

Où ?

kada?

Quand ?

ime

nom

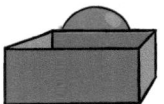

iza

derrière

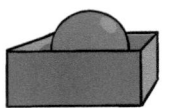

u

dans

pred

devant

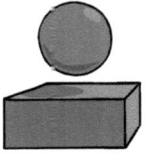

iznad

au-dessus

na

sur

ispod

en-dessous

pored

à côté de

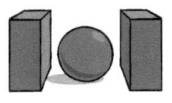

između

entre

mjesto

lieu